गुंचा

ख़्वाबों का आशियाना

बेजूल पटेल रानपुरा

NOTION PRESS

NOTION PRESS

India. Singapore. Malaysia.

ISBN 9798892770767

यह किताब कुछ कली-सी
पन्ने पंखुड़ी-सी नाज़ुक
जैसे एक-एक खुलती जाएगी
खूबसूरत फूल हाथ में खिलता जाएगा
कुछ ऐसे गुंचा को अंत में महसूस कर पाओगे...।

अनुक्रमणिका

Author's Note

प्रिय पाठकों,

आपके साथ इस किताब को साझा करने का मुझे गर्व हो रहा है, यह किताब मेरे लिए एक सपने की तरह है, जिसे मैंने अपनी भावनाओं, अनुभवों और रंगों के साथ सजाया है। यहाँ देखने के लिए एक अद्वितीय और सुंदर दुनिया है, जो कविता के माध्यम से जीवंत हो जाती है।

मेरी आशा है कि इस किताब के पन्नों पर आप खुद को कहीं पाएंगे, अपनी भावनाओं को प्रकट करेंगे और इस सरल भाषा के माध्यम से नई दुनिया में खो जाएंगे।

यह किताब आपके लिए एक काव्य संग्रह है लेकिन मेरे लिये फूल की कली की तरह नाजुक है, बहुत खूबसूरत से खिले शब्दों का गुलदस्ता है, जो आपके साथ रहेगा हमेशा।

यहाँ मैंने मेरी भावनाओं और वास्तविकता के रूप को लिखा है। वहीं कुछ जो हम रोज़ जीते हैं, वहीं कुछ जो हर रोज़ कहीं छुपाते है, अपने अंदर और कुछ कह नहीं सकते।

मैं खुद को खुशनसीब समझती हूँ कि जबसे कलम ने साथ दिया है मेरा, मैं बेफिक्र हो गयी हूँ। जो कहना है लिख के मन की बात कागज़ पर उतार देती हूँ। सच कहूँ तो इससे मुझे नींद बड़ी अच्छी आती है। यह मुझे हर रोज़ नयी ज़िंदगी जीने का एहसास देता है, मानों नई सलाह देता हो... लिखना! और ऐसे ही मेरी मुस्कुराने की वजह कायम रहती है।

सफ़र ज़िंदगी का शायद सभी का कुछ ऐसा ही रहता है, इसलिए आप सभी से गुज़ारिश करती हूँ मेरे अल्फ़ाज़ो को प्यार दें।

क्योंकि... यह तय हैं कि मनमर्ज़ियाँ सिर्फ हमने नहीं की, ख्वाहिशों की महफिल तो सभी को पसंद होती है, ये कागज ये कलम ये कविता अब गवाह बन चुके है, जो रुकते हैं, मुझ तक भी और तुम तक भी...!

1.घोंसला

कभी-कभी हम ऐसे साये के शिकार
होते हैं कि हमें वह बेवजह
परेशान करते हैं
कभी-कभी कुछ अंधेरे हमें
ऐसी आवाज़ से पुकार लेते हैं
कि हम हर वक्त वहाँ खींचे चले जातें हैं
पर हमारा दिल कबूल वही करता है
जो हमारे लिए सबसे बेहतरीन होता है
लोग कहतें है, दिल की ना सुनो
बस दिमाग की सुनो
पर कुछ आहटें ऐसी होती हैं
जो बस दिल ही सम्भाल सकता है
दिमाग में तो शैतान सबके रहता है
पर दिल में फ़रिश्ते बस्तें है
जो हमें बहुत प्यार करते है
वही हमारे गलत क़दमों को रोकते है
हमारा घोंसला हम ही हिफ़ाजत से रखते हैं....।

2. गाथा

शब्दों की माला पिरोती हूँ
कविता में जादू लिखती हूँ
बुनती हूँ कहानी, कम शब्दों में
मेरे कुछ रंगीन "कागज़ातों" में
एक प्यारी आवाज़ हूँ...
अर्थ कतई मत "खोजो"
कविता में जहाँ हूँ, "मैं"
जो जीवन की राहों में बसा है,
शब्दों की भावनाओं का संगम है,
यह धरोहर है, मेरी ज़िंदगी की...
आइए, इस सफर पर साथ चलते हैं,
जहाँ शब्दों का प्यारा-सा 'संसार' है....।

3. खाली हाथ

ज़िंदगी! "मैं खाली आई हूँ"
खाली हाथ जाऊँगी
कभी कोई ख़्वाहिश नहीं...
कभी कोई मंजर नहीं
ख़ुशी और ग़म मेरे हाथ में है
यहाँ मुस्कुराने की महफ़िल सजती है
यहाँ रोने की कोई जगह नहीं
अपनी शोहरत भी यहीं...
मैं हँसते-हँसते गवाँ देती हूँ
जब भी मन की बात कह देती हूँ
तो ठंडा रहता है तन
फिर चाहे किसको बुरा लगे या अच्छा
मैं सब कुछ कह देती हूँ
रिश्ते बिखर जाने का मुझे डर नही
मेरी तरह तुम भी खाली हाथ आये हो,
खाली हाथ ही चले जाओगे...
कह दो जो चल रहा है भीतर
लोगों का दिया विष पीकर
क्यों सज़ा ख़ुद को दे रहे हो...।

4. रंग

एक रंग में बंधे नहीं
अनेक रंग अलग है, कहीं
खुद को पिंचरे में कैद न कर
ज़ज्बातों को दफ़न क्यों करें कहीं
जैसे रंगीन शाम में अनेक रंग है
उन्हें भी दिन रात बदलने में वक़्त लगा
कहीं हमने रंगों से
प्यार की होली खेली है
उन्हें भी सुकून की इजाज़त दे कहीं
रंगो में भेद भाव है बहुत
मुझे भी लोगों ने ढलना सिखाया है कहीं
तुम भी रंगों में ढलो
एक शाम को रंगीन कर कहीं...।

5. खुल के मुस्कुराओ

सुनो! कभी ज़ोरों से मुस्कुरा कर देखना
हाँ! बहुत खूबसूरत लगोगे
जो दिल पर पहरे लगे हुए है
वह हट जाएगें...
थोड़ा हल्का महसूस करोगे
जिंदगी खिलखिला उठेगी...
अगर खुल के तुम जिया करोगे
तब खुद पर कुछ लम्हें
लुटा कर देखना
तब पूरा शहर तुम्हारा पता पूछेगा...।

6. क्या मैं ज़िंदा हूँ?

टूट जाने के बाद
बड़ी मुश्किल से अपने आप से जुड़ी हूँ...
मुस्कुराने के बाद एक
वक्त पर फिर से खड़ी हुई हूँ
दूसरों के रास्ते से हटकर
अपनी मंज़िल तक पहुँची हूँ
कभी पहाड़ों से तो कभी
झरनों से बातें करती हूँ...
किनारे पर खड़ी नाव तो
कभी सागर की लहरों से अकसर
पूछती हूँ...
कुछ तो कहो मैं कौन हूँ ?
क्या हूँ...? क्यों मेरी खोज आज भी जारी है... ?
या मैं चलती फिरती कोई कहानी हूँ...?
क्या ढूँढ रही हूँ खुद में
कौन मुझे सबसे प्यारा है...?
कुछ तो कहो, अपने दिल से पूछती हूँ...
क्या मैं ज़िंदा हूँ...?

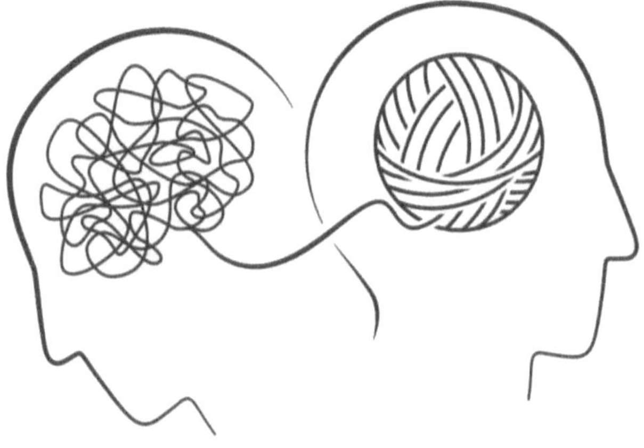

7. दो आत्माएँ

जीवन की राहो में उनकी कहानी बिखरी
दो दिलों का मिलना, बिना स्पर्श हुआ...
चलते थे कुछ गलियों में वे साथ-साथ
प्यार की कहानी कुछ बन-सी गई...
अंधेरे रोशनी से भरते गए
धड़कने तेज होती रही...
हँसी और आँसू ढलती रात में बहने लगे
फिर भी अपनी बात
कह नहीं पाये कभी एक-दूजे को
एक-दूसरे के दिल को अपना घर बनाकर...
वहीं वह उठे और आँख खुली
फिर घर के आँगन में किसी की आहट सुनी
प्यार की गलियों में, जैसे दो आत्माएँ मिली...।

8. महफ़िल

महफिल होती है बड़ी सुहानी
सब मिल कर यहाँ गाते-नाचते
खुशियाँ मनाते हुए
दिलों में उमंग भर लेते हैं...
कहीं पर बैठे हैं शायर
कुछ सुनते हैं, कुछ सुनाते हैं
हर कोने से धड़कने सुनाई देती हैं
जैसे परिंदों का मेला लगता है,
सुरीली आवाज में गूँजता है,
हर दिल में प्यार बसता है...
हर कोई खोता है, एक- दूसरे में,
मिलते हैं, सपनों की बातों में,
प्यासे-तारे टिमटिमाते हैं,
हर एक की आँखों में,
हर कोई शबाब की मस्ती में,
सपनों की उड़ानों में,
हर कोई खो जाता है...
महकती हैं, यहाँ हवाएँ
फ़िज़ाओं में रंगत घुलती है...
कुछ लोग जज़्बात भरे अक्स साथ
शराब का प्याला लेकर बैठे हैं,
लगता है रूह सभी की,
गुलाबी रातों में,
सैर करने निकल पड़ी है...।

९. कुछ पल

कुछ पल के लिए
मुझे यकीन था
हमारी एक मुलाकात घर बनाती
हमारा मिलन ख्वाबों की तरह होता...
जब दो दिल लहरों की तरह मिलते
एक एहसास जो समंदर की
गहराइयों जैसा होता
क्या जज़्बात धड़कते दोनों के सीने में?
आँखों से आँसू बहते
लब सीलें हुए, क्या संगम होता?
एक साथ होने का एहसास गहरा होता
ढेर सारी बातें करते
मंद-मंद मुस्कुराते...
साथ चलते हाथों में हाथ लेकर
किनारे खोजते,
रुकते, फिर बहाने से कहीं
फिर चलते...
प्यार से बैठ कर कहीं
सीने से तेरे सिर लगा थोड़ी देर सो जाती...
वह पल वहीं रूक जाता
हम गुम हो जाते,
मन में यही दुआ करते
बस कोई हमें ढूंढ न पाए
मुझे यकीन है ...
मिलते अगर हम तो
यह एहसास तुम्हें भी होता,
काश! धड़कते दिल में
बेफ़िक्र जज़्बात तुम्हारे भी होते...।

10. नि:शब्द

दो शब्दों के बीच का फाँसला
कैसे लंबा हो जाता है,
अंत जैसे नि:शब्द हो कर रुक जाता है...
कुछ बातें होठों से ना निकले
वह आँखों पर ख़त्म हो जाती है...
सब्र की बातें जैसे सालों से
दफ़न हो जाती हैं...
भरा कुआँ बिन पानी-सा
दिखने लगता है...
ठंडी हरकत जवाब देने लग जाती है...
जुबान आराम फ़रमाने पर
रुक जाती है...
बिखरी हुई यादों का झोला
गलतफहमी को वक़्त देने लग जाता है...
दोनों दिल्लगी के दायरे में
फँसने लगते हैं ऐसे,
प्यार में नि:शब्द होकर
छल कर रहे हैं जैसे...।

11. धड़कन

न जाने

तेरी मुस्कुराहट

किस रास्ते उतरी ज़हन में

न जाने

कैसे जगह बना गई

बेबसी का आलम यही था कि

मेरी धड़कनें

सिर्फ तुझे सुनाई दी...।

12. स्वर्ग

वह अप्सरा
बेहद खूबसूरत होती है
है, ना... ?
अलग किस्म की
अंदर की छवि
जैसे चमकते तारों-सी
घर सजाए बैठी है...
ऊपर आसमान से देखती है
खुदा की सबसे खूबसूरत रचना है...
तुम्हें तुम्हारे चेहरे से
जो प्यार करता है
वो सिर्फ़ एक हसीन दुनियाँ चाहता है...
अगर हो तुम्हारी खूबसूरती,
इन अप्सरा जैसी
जो उसे देखे वह स्वर्ग मान ले...।

13. यादें

समय की कैसी चाल है यह
कि यादें कभी मरती नहीं
हवा का झोंका बनकर
हमारे आस-पास घूमती रहती हैं...
बादल बनकर हमें
धीरे-धीरे गहराइयों में घेरती है
रात और दिन मानों घंटों का इंतजार
अंत में आंसुओं में भिगोकर चली जाती है
फिर सोचते हैं कि अगर बहुत-सी यादें होती
तो हम उसमें डूब जाते...।

14. एहसास

बहारों में हम दोनों मिलेंगे
हर पल हमारा...
फूलों की महक से सजेगा
तुम्हारे जादू से...
मेरी हर उदासी दूर होगी
जब भी तुम मेरे पास होते हो
मेरे ज़हन में बारिश की
बूँदों की तरह घुल जाते हो...
ऐसे ही मेरे होठों पर
मुस्कुराहट ला देते हो
बादलों के घेरे में...
हम दोनों खुश नजर आते हैं...।

15. एक तरफा

बदल गया इंसान
कहना कितना है, आसान
काश! लोग समझ पाते
कि ये इश्क नहीं आसन...
सिर्फ और सिर्फ भरोसे का पिंजरा है
दूर से भी दस्तक ना दे
ना भेजे कोई संदेश
दिल में जलता है
इज़हार ए इश्क़ कोई नहीं करता है
महफूस ही रखता है
अपनी भावनाओं को
बस खुद ही उसे संभाले रखता है
ना बाँट सके, ना माँग सके
ऐसे इश्क को ज़िंदा रखना नहीं है आसान..।

16. लुका-छुपी

कोई तो पकड़ पाएगा?
जज़्बातों को लफ़्ज़ों को
आओ लुका छुपी खेलते हैं
निःशब्द भाषा में
रंगीन गीत लिखते है....
कुछ तुम अपनी हरकतों से
कुछ मैं अपने मिज़ाज से
दोनों प्यार का मतलब समझते हैं...।

17. आईना

मेरा आईना
तुम मेरे साथ हर दिन
मेरी छाया
मेरी छवि, मेरा अभिमान
तुम दर्पण हो
मेरी दुनिया का
जिसमें बसती है
मेरी असली पहचान
मेरे जीवन को सजाती है
कभी चेहरे पर
मुस्कान लेकर आती है
कभी आसुओं से भर कर
मेरा दर्द दिखाती है
तुमसे मिलकर ही मैं
अपने आप से मिलती हूँ
तुम्हारी परछाई में ही,
मेरी भावनाएँ छुपी होती हैं
बिन तुम्हारे
मैं अधूरा महसूस करती हूँ...।

18. लम्हें

कभी नरमी, कभी सख़्ती
कभी उलझन कभी डर
बस कुछ वक़्त ऐसे ही गुज़र जाता है...
लम्हा-लम्हा नज़र आता है
हर वक़्त सताता है
एक लम्हें में कभी साल गुज़र जाता है...
हर बार इन्हीं ख़्यालों में
मेरा मन खो जाता है...
कभी सब्र, कभी खामोशी
कभी अकेलापन...
ख़ुद को समझने के लिए
अब लम्हों से बेहतर कोई दोस्त नहीं।

19. विचार

सोचती हूँ...

सागर की लहरों को देख कर

क्यूँ ये किनारे पर रुकती नहीं...

बस पलट जाती हैं

क्या ये सागर से बेवफाई हैं

या फिर किनारा साथ मिलकर

इस तरह प्यार जताता हैं... ?

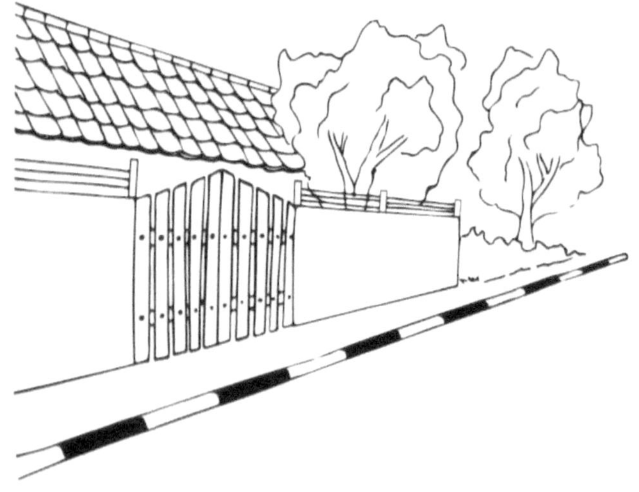

20. खाली मकान

पुराना खाली मकान...

कभी वहाँ खिल-खिलाहट से भरी

वो बचपन की हँसी खेलती थी

अब ना ही वहाँ किसी की

आँखे इंतज़ार कर रही हैं...

ना कोई चूल्हा जलाने बैठा है

ना बचा यादों का घोंसला यहाँ...

चूहों ने कुतरी बचपन की शहादत

बस कुछ परिंदे घर सजा कर बैठे हैं...।

21. बड़े ख्वाब

अपने पुरखों की

जमीन बेचकर...

शहर में करोड़ों का

मकान ना बनाएँ

ना जाने कब

लौटना पड़े अपनी मिट्टी में...

गाँव मे भी

चार दीवारें और एक छत जरूर सजाएँ...।

OPEN

22. सन्नाटा

कभी सन्नाटा नहीं था

यहाँ भी जिंदगी जीया करती थी

वक्त के साथ इमारतें सिकुड़ती गई...

हर दीवारें और छत बिगड़ गई...

फिर भी हवाओं के साथ

खिड़कियाँ खुलती रहीं...

अब खाली टूटे दरवाजों का शोर है, यहाँ

जहाँ एक ज़माने में

कभी महफ़िलें सजा करती थी...।

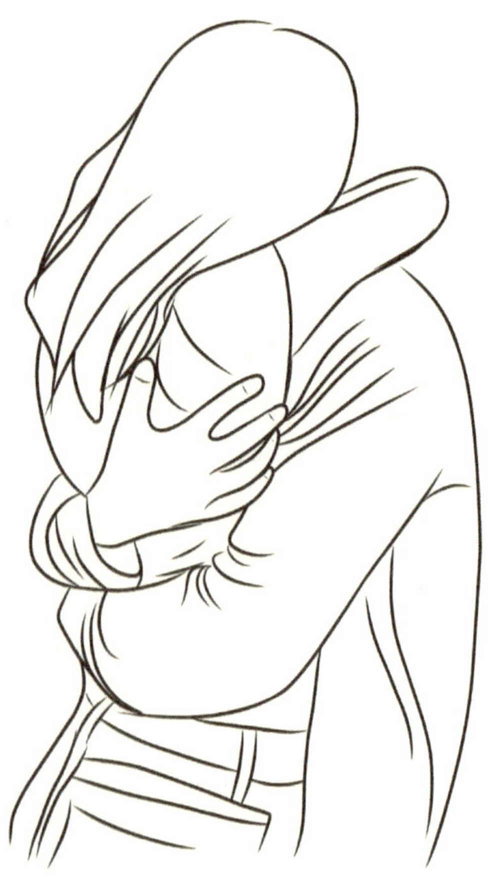

23. बेपनाह

इजाजत है

तुझे मेरी रूह में घुलने की

मेरे दिल में बस जाने की

मेरे होने की...

तुम मेरी साँसों में बसों

मुझे अपना बना लो...

दिल से दिल का रिश्ता है कि

तुझे मुझसे मोहब्बत

सातों जन्म तक करने की...

इजाज़त है...।

24. संगम

जब-जब वह देखता है
उतनी बार मैं शर्माती हूँ...
उसकी आँखों में इंतज़ार
जैसे सूखी नदी को हो पानी का
महसूस होता एक पल का सफ़र
कतरा-कतरा जीने का
मज़ा ही कुछ और है...
काश! हमारे प्यार की
रेखाएँ कहीं तो मिल जाती
अच्छा लगता था....
यह संगम हमारा...।

25. बेनकाब

कई सारे लोग बेनकाब हुए
जिंदगी की लायब्रेरी में
वह कहानी...
तुम्हारी और मेरी थी
बस मैंने उसे लिखना चाहा
अपने किस्सों में..।

26. रोजाना

इश्क का कोहरा
धूँधली-सी ज़िंदगी
दर्द भरा आलम
सवेरा तो होता रोज़ाना
तुझे लिखने में
पर ख्वाबों को कैसे बयाँ करूँ
हमारी मुलाक़ात
कैसे मुकम्मल करूँ...?

27. डाकिया

घर का ठिकाना

क्या बताऊँ तुम्हें

हर रोज़ डाकिया जहाँ से...

पहली चिट्ठी

सुबह-सुबह लेता है

बस उस घर का

दरवाज़ा खटखटा लेना...।

28. कशिश

बस ढल जाती है

हर चीज़ वक्त पर अपने...

फिर भी ये कैसा

अजीब-सा नशा है कि

मिटने का नाम ही नहीं लेता...।

29. कागज

छोटा सा कागज...
जिसकी कोई कीमत नहीं होती है
पर उसकी अहमियत
तब मालूम पड़ती है
जब उस पर लिखे गए कुछ
लफ्ज़ बहुत गहरे हो जाते हैं
यही अंदाज़ है...
गमों को उतारने का
या फिर खुशियों को बाँटने का...
अगर मर भी गई, कभी
मेरे अल्फाज़ मुझे कागज़ में ज़िंदा रखेंगे...।

30. इनायत

खुद को ढूँढ़ने की चाह
वक़्त से मुकाबला था
खुद को तरशाने को
खुद को काबिल जो बनाना था...
खुद से गिला शिकवा क्या करना
राब्ता खुद से ही सही लगा...
मंज़िल में हम सफर भी खुद
और अजनबी भी खुद
किया ज़िंदगी को शुक्रिया अदा...
मैं जो भी हूँ, खुद ही से हूँ
पर खुदा की इनायत हूँ
बहुत आभारी हूँ...।

31. इंतज़ार

सरहद पर सिपाही मीलों दूर
अपनी प्रेमिका को
हर रोज़ रात में चिट्ठी लिख
के याद करता है…
प्रेमिका दिन रात
उसके कदमों की आहट
का इंतज़ार करती है, जैसे
धुँदली सी राहें
छलकती ठंडी हवाएँ….
यादों से होता है, रात का आगाज़
साथ संग बिताये हुए
हर पल की याद…
कभी तो इन लहरों की तरह
लौट आओ एक बार
भरोसा दूरी पर है…
इसी ने दोनों के दिल को
जो बाँधे रखा है…।

32. बारिश

बरसती हुई बूँदें और
गीली मिट्टी की खुश्बू
हर बूँद में छिपी है
तड़पती मछली की प्यास…
प्यार का अफ़साना
लिख रही है, यह बूँदें…
कुछ गीला कर गई
कुछ डूबो कर गई
उमड़-घुमड़ कर बारिश
खुद पर गुरूर कर गई…।

33. तारों की धुप

किसान का
रोज रात को टुटा तारा देखना...
कभी उसे दोस्त कहना
कभी हमसफर कहना...
अपने टूटे हुए सपनों को
ऐसे ही गिनना...
उसको बस जरूरत बरसात की है
इसी इंतजार में...
वह तारों की धुप सेकता है...।

34. रातें

जब चाँद नहीं होता
तब भी रात होती है...
अमावस की रात फिर भी
खास होती है...
हर रात एक नई
कहानी लिखती है...
अंधकार दम भरता है
रोशनी कहीं और से
उजागर होती है...
जैसे ही सवेरे आँख खोले
दुबक कर फिर से लौट जाती है
सच को अपनाना है
रात यही सिखाती है...।

35. प्रकृति

संध्या की धूप में, लिपटी शाम,
सुनहरी किरणों से
भरी आँखें नम…
छाई हुई शान्ति, थमीं हुई साँसें
मंद हुई रोशनी
मिटी हुई तकदीरें…
परींदों की चहचहाहट
पेड़ों का सरोकार…
बादलों की छाँव और मन का उदार…
सपनों की दुनिया
और ख्वाबों का संसार…
इस सुंदर संध्या में, बसता है
सिर्फ प्यार…।

36. खुद से प्यार

यह मुस्कुराती हुई आँखें
कई सितारों से भरे
बादल से बड़ी आस लगा रही थी कहीं...
बिना वजह अंधकार बना
अंधेरों में खोकर भी
खूबसूरत सा एक किस्सा बुना
गमों का लिबास...
बनाकर खुद को फिर से सजाया,
क्या अज़ीब-सी मोहब्बत की
उसने खुद ही से
पूरे कायनात में रोशन हुआ...।

37. आसमान

नीला आसमान
बाँहें खोले बैठा है
इस तरह- सा लगता है,
ख़्वाबीदा...
घर जहाँ सुकून है
सब का है...
ज़मीन के लिए तो छाँव
हम से गहरी है...
कहीं नीला-सा रंग
रंगीन-सी दुनिया
सजदे में किया हमने सब...।

38. साथ

तेरे साथ क्या गुज़ारे कुछ पल
अब साँसों में हो तुम हर पल...
वो सुकून से सिर रखकर
दो पल का चैन...
वो लंबी नींद, अभी भी याद है...
साथ, हर पल का माँगा था
दो पल में छोड़ दिया
मंज़िल पहाड़ी रास्ते की थी
तुम दरिया में छोड़ गए...
पता था! तुम्हें कि मुझे तैरना नहीं आता
पर मैं भूल गई थी, कि
तुम्हें तो ऊँचाइयों से डर-सा लगता था...।

39. कहाँ तक लिखूँ

गर असरार मेरे लब्सों में
पढ़ पाओ,
तो यकीन हो तुम्हें...
इज़हार हम यूँ ही नहीं करते
सर्फ़ हुए हैं
मेरे जज़्बात कहीं...
कागज़- कलम का सहारा हैं
खुले भी तो हम यहीं-कहीं
कहाँ तक लिखूँ...?
स्याही का रंग
फीका ना हो कभी...
तू सुकून से
कहीं ज़्यादा है...।

40. बातें

रोज़ की तरह
हम इंतज़ार में
वक़्त को कोस रहे हैं
हम मिट्टी खोद रहे हैं, थोड़ी-थोड़ी…
एक रोज़ दफ़न ना कर दे…
हम बातें कहीं
क्यों रखे ज़िंदा उसे भी यूँ
खफा होगी
हमसे हमारी बातें ज़रूर…
पर खुद से, ये वादा किया है
कि फूलो से सजाकर
हर रोज़ रखूँगी
जब लफ़्ज़ हमेशा के लिए
सिल दूँगी एक रोज़…।

41. दहेज

काश ! मेरे दहेज में

मेरे बचपन के

खिलौने साथ दिए होते

ससुराल में सब समझ जाते

कि एक गुड़िया आयी है

एक घर से दूसरा घर सजाने...।

42. कर्ज़

एक औरत की ज़िंदगी

कर्ज उतारने के लिए होती है

अग्नि को साक्षी मानने से लेकर...

अग्नि में देह को उतारने तक

वह कर्जदार ही रहती है...।

43. किताब

लिफाफा समझें या
कोई कंबल में लिपटा दोस्त
घर नहीं होता, इन किताबों का
ना पता, ना कोई फोन...
सिर्फ हक हमें दिया है
उसने कुछ पलों के बीच
एक छोटा-सा घर बनाने को...
कुछ पंक्तियों में
हम मक्खी से चिपकते हैं
या उलझते हैं सैलाब की तरह...
पर रहती हमेशा साथ अपने
वजूद की नई भाषा बनके
या दिखाती नई कोई मंज़िल...
शायद धुँधली भी हो जाये बीच रास्ते
अपनी एक नज़र को ढूँढती वो कहीं
खुद में मिट जाती हैं
एक कहानी बनके...
मतलबी नहीं होती
कभी बस दोस्त बनती है
सब सिखाती है, खुद यह किताब...।

44. मुसाफिर

छाँव की तलाश
एक मुसाफिर ही जाने
मौसम कोई भी हो
खुद को मुक्कमल करने
नंगे पैर भटकता रहता है...
उजाला हो या अंधेरा,
या हो वीराना हर वक्त सताता है...
एक मुद्दत तक खामोशियों को
दोस्त बनाता है
हर एक मुसाफिर को
कभी कुदरत बीच रास्ते डराती है
पर साथ ज़रूर देती है...।

45. घड़ी

कैद है वक्त
कलाई या दीवारों पे...
रात और दिन भी मोहताज
घड़ी पे...
सुईयाँ घड़ी की भागती हैं,
सब्र कभी ना सिखाती है...
लोगों की कीमत का
अंदाज़ा भी लगा देती है...
लोगों का शौंक भी निराला
नई महँगी घड़ियों का...
घड़ी तो बदल दो मगर,
वक्त कभी नहीं बदल सकता है...
वक्त राजा है हम सिर्फ सिपाही है,
हमें ही हिफासत करनी है...
अपने-अपने वक्त की और घड़ी की...।

46. गुलाब

हम वो गुलाब हैं,
जिसकी पंखुड़ियों की खुशबू
आप के घर तक जरूर पहुँचेगी...
जिस दिन रुख्सत की खबर
हवा में फैलेगी,
बस! आखिरी बार अलविदा कहने
गुलाब के साथ
तुम जरूर आना...।

47. मैं वो इश्क

मैं इश्क पे लिखी हुई कविता
जो जानती है, बेहिसाब करना...
मैं बरसती बूँदो की कहानी
जो मिट्टी में घुल जाए...
मैं उसका पहला ख्वाब
जो हर रात उसी के साथ
में तारों संग
चाँद की चाँदनी में मिल जाए ...
मैं हवा का वो झोंका
जहाँ महँगा इत्र भी फीका पड़ जाये...
मैं वो अहसास उसका
जो उसके रूह को गर्म कर जाए...
मैं वो रागिनी
जो उसकी जुबाँ पर रुकी हुई
मैं वो मोहब्बत
जो मुझ जैसा कोई करने ना पाए...।

48. तोहफा

क्यों ज़िंदगी से खफा हर वक़्त...?
समय की चाल के साथ चलना
और उसके साथ कदम मिलाना
हम उसी कशमकश में जीते हैं...
अकसर दुखों का पहाड़
सिर पर लेकर घूमते हैं
खुशियाँ जी लेते हैं और शिकायत सिर्फ
तकलीफों की करते हैं...
मन कड़वा,
अकसर जुबान मीठी
हम ऐसे जीये जा रहे हैं जिंदगी
तो खाक खुद को
खुश रख पाओगे...
हम और जिंदगी बहुत कीमती है
आखिरी साँस तक की जिम्मेदारी है
अच्छे से संभलकर जिओ
यह तोहफा जो मिला है
एक बार ही नसीब होता है...।

49. वजूद

आसमान में अपनी ज़मीन ढूँढ़ती हूँ
अपनी कहानियों में अपना ही वजूद ढूँढ़ती हूँ
तख़्ती धूप में सुकून की रात ढूँढ़ती हूँ
खुद को संभालने का होश ढूँढ़ती हूँ
जीने का हर एक खूबसूरत एहसास ढूँढ़ती हूँ
वो मेरी खोई मुस्कुराहटों की आवाज ढूँढ़ती हूँ
मैं मेरी ख्वाहिशों से प्यार करती हूँ
मेरी ख्वाहिशों से प्यार करने वाला
मैं वो इन्सान ढूँढ़ती हूँ...
हर कोई चाहत मुकम्मल हो जरूरी नहीं
बस ज़िंदगी में मेरे वक़्त को एहमियत
देने वाला कोई शक्स ढूँढ़ती हूँ...।

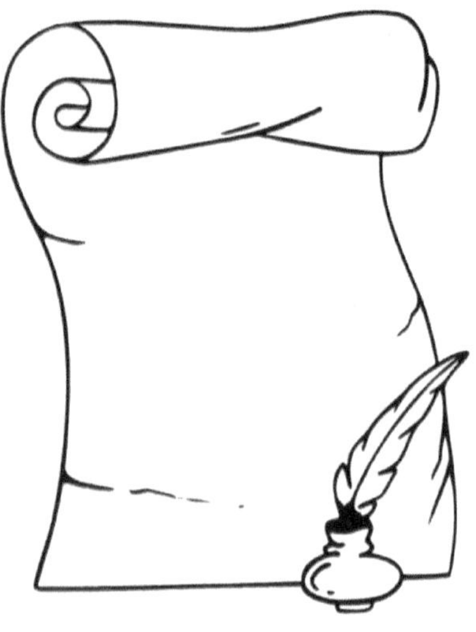

50. चिट्ठी

चिट्ठी लिखना रोज़ का काम होता था
एक ज़माना बीत गया है
उस बात को
डाकघर नहीं देखा...
ना ही अब साइकिल पर
चाचा कोई चिट्ठी देने आते है...
वह चिट्ठी लिखने का
अब ज़माना नहीं रहा
भावनाएँ बस फोन के स्क्रीन
पर दिखती है...
लोग अब खुलेआम प्यार जताते हैं
सब खुलेआम बिक रहा है...
इंसान हो या इज़्ज़त
बस एक दिखावा-सा रह गया है...
लगता सरल है, सब
उतना ही कठिन भी यहाँ से निकलना...
वह खूबसूरत से पल थे
जब दिल से कलम उठाया करते थे...
पर अब तो कागज़
हाथ पोंछने भर के लिए रखा है...।